AF329244

Histoire des Kaïménis...

[SL] 1866

HISTOIRE

DES KAÏMÊNIS

PAR

M. VIRLET D'AOUST

HISTOIRE
DES KAÏMÊNIS

OU

ILES VOLCANIQUES NOUVELLES DU GOLFE DE SANTORIN

Dans l'Archipel de la Grèce,

PAR

M. VIRLET D'AOUST,

Ingénieur des Mines, chevalier de l'ordre impérial de la Légion d'honneur et de l'ordre royal suprême du Sauveur grec ; ancien membre de la Commission scientifique française de Morée, membre correspondant de la Société d'histoire naturelle d'Athènes, etc., etc.

———————————— ◦ ————————————

Ces tremblements de terre qui détruisent des villes, des villages et font quelquefois périr des populations entières ; ces mugissements et ces détonations souterraines, précurseurs ordinaires des éruptions volcaniques ; ces immenses colonnes de vapeurs et de

¹ Le mot grec *Kaïméni* qui signifie *brûlée* (*île brûlée*), a été appliqué d'une manière générique à chacune des petites îles nouvelles du golfe, pour rappeler leur origine ignée. Les auteurs ont écrit ce nom de tant de manières différentes, que j'ai naturellement dû me préoccuper de rechercher sa véritable orthographe grecque, et, d'après les avis de notre illustre helléniste Hase, je l'avais primitivement écrit moi-même *Kaymméni* ; mais, en réfléchissant depuis, que ces îles étaient d'origine moderne, leur nom devait appartenir, non au grec ancien, mais au grec moderne, qu'il pouvait bien se faire qu'on prononçât *Kémméni*, j'ai cru qu'il était beaucoup plus convenable d'adopter l'orthographe moderne, qui rend d'ailleurs parfaitement en français la prononciation grecque. Les Grecs font toujours ce nom masculin et disent *Paléo* ou *Mégalo-Kaïméni, Mikro* et *Néo-Kaïméni* ; c'est donc à tort que quelques voyageurs modernes semblent vouloir adopter le genre féminin et écrire *Néa*, ou *Mikra*, ou *Paléa-Kamméni*, ce qui s'écarte non-seulement de la prononciation et du genre consacré par l'usage, mais encore de la véritable ortographe du mot grec Καϊμένη.

fumée qui obscurcissent l'air ; ces gerbes de feu ; ces cendres incessamment vomies, que les vents transportent parfois à plusieurs centaines de lieues; ces projections de blocs incandescents, menaçant de tout incendier, qui les signalent ordinairement; ces fleuves de feu enfin, s'épanchant en torrents dévastateurs : tout, dans les phénomènes volcaniques, semble se réunir pour impressionner vivement l'imagination des hommes et inspirer la crainte et l'effroi à ceux qui sont menacés d'en devenir victimes.

Il est donc tout naturel que les récentes éruptions volcaniques, à la suite desquelles une nouvelle île vient de faire son apparition dans l'archipel héllénique, aient excité dans toute la Grèce, et particulièrement dans les Cyclades, une émotion d'autant plus vive, que les habitants de ces dernières peuvent se croire à chaque instant menacés par de nouvelles convulsions souterraines. Aussi, dès que la nouvelle s'en fut propagée, de toutes parts, accoururent sur les lieux une foule de voyageurs, de savants, d'amateurs, pour jouir de ces phénomènes curieux et émouvants, que les poëtes de l'ancienne Grèce considéraient, dans leurs ingénieuses fictions mythologiques, comme les agitations de la colère impuissante des Titans vaincus, cherchant encore à se soulever et exhalant leur souffle par les cratères. Le gouvernement grec s'empressait d'y envoyer une commission scientifique composée de MM. *Misopoulo*, professeur de géologie, *Christomano*, professeur de chimie, *Bouyoukos*, ingénieur des mines, et *Julius Schmidt*, directeur de l'observatoire d'Athènes, tandis que les ministres de France et d'Angleterre s'empressaient, dans l'intérêt de leurs compatriotes respectifs, de se rendre également sur les lieux mêmes des événements.

En France, la nouvelle de ces phénomènes géologiques des Cyclades n'a pas moins excité la curiosité publique qu'en Grèce, et dès que les faits ont été signalés à l'Académie des sciences de Paris, elle chargeait M. *Fouqué*, déjà bien connu par ses travaux sur l'Etna et le Vésuve, d'aller étudier ces nouvelles éruptions : il est parti le 22 février, en compagnie de M. *Édouard de Verneuil*, membre de l'Institut, et l'un de nos géologues les plus distingués. D'un autre côté, M. *François Lenormant*, savant érudit et archéologue distingué, digne fils de Charles Lenormant, membre de l'Institut, qui fut l'un de mes collègues de l'expédition de Morée, a également été envoyé par l'Empereur ; il est aussi parti, accompagné de M. *da Corogna*, interne des hôpitaux de Paris, que l'on dit natif de Santorin même. Nous sommes donc certains d'avoir les renseignements les plus précis sur les phénomènes qui ont accompagné la naissance de l'île nouvelle.

1 Port St Nicolas
2 — St Georges
3 — Vulcano
4 Cap Phlégo
Banc de Kolumbo
119
140
57　40
30
160
Eruptions de 1650
Fond de Cinérites
CARTE
DE SANTORIN
(THÉRA)
Archipel grec
C. Kolumbo
Apanomeria
Pheakia
Megalo
Poté St Elie
C. Riva
M. Vigla
Manola
THÉRASIA
Paléo-Skoros
Apano-Théra
Monolithe
36
Néo Kaïméni
Mikro Kaïméni
Kato-Théra
Rocher Ainina
Récif de Mansol
3 Mètres
C. Tripiti
Messaria
Écueil de Lalania
Chonia
Paléo Kaïméni
Port
d'Athina
Pirgos
Aspronisi
(Automate)
M. St Elie 566
Megalo
Korio
(Ruines)
C. Messanouno
Cap Akrotiri
Akrotiri
Emporion
Ancien Port
Cap Exomiti
1/4　1/2　1　2　3
Echelle en Lieues de 25 au dégré.
Vue des Kaïmênis, du Port d'Athina.
Paléo Kaïméni
96
Néo Kaïméni
105
Mikro-Kaïméni
67

Ayant visité deux fois l'île Santorin, en qualité de membre de la Commission scientifique qui eut pour mission, en 1828, d'aller étudier la Grèce, à la suite du corps d'armée chargé de rendre à l'indépendance un peuple malheureux et illustre entre tous, j'ai donné dans le grand ouvrage de la commission, ainsi que dans les tomes III, VII et IX du *Bulletin de la société géologique de France*, une description complète de tous les îlots qui composent ce groupe volcanique, dont vos lecteurs, en attendant les nouveaux récits, me sauront sans doute gré d'avoir extrait le résumé géologique et historique suivant.

Santorin d'ailleurs, en outre de ces nombreux souvenirs historiques, a eu de tout temps le privilége d'attirer les voyageurs, autant par l'étrangeté de ses aspects et la douceur remarquable de son climat que par ses intéressants phénomènes naturels. Elle est de plus renommée par l'excellence de ses vins, qui partageaient, avec ceux de *Ténédos*, de *Chypre*, de *Naxie* (le fameux nectar des dieux), l'honneur de figurer dans les repas les plus recherchés de l'antiquité. Ces vins ressemblent par leur bouquet fin aux queyries framboisés, et par leur couleur et leur pouvoir alcoolique à nos vins du Roussillon. On les expédie généralement en Russie, où ils sont très-recherchés. Mais si cette île abonde en vins de bonne qualité, en revanche elle manque totalement d'eau; et lorsque les citernes, seuls réservoirs du pays, sont vides, les habitants sont obligés d'aller en chercher, pour leurs besoins journaliers, jusque dans les îles voisines.

Santorin, Thérasia et Aspronisi.

L'île de Santorin, l'ancienne *Théra*, la plus méridionale des Cyclades, considérée dans son ensemble avec *Thérasia* et *Aspronisi*, qui faisaient primitivement partie d'un seul et même tout, présente la forme générale extérieure d'un cône tronqué très-surbaissé, ne s'élevant en moyenne qu'à une hauteur de 300 mètres, et dont la base, à peu près elliptique, qui lui a fait donner quelquefois le nom de *Strongylé (la Ronde)*, peut avoir environ 100 kilomètres de tour.

On peut considérer, en effet, ces trois îles comme ayant fait partie d'un immense volcan dont la cime jadis, au moins aussi élevée que celle du Vésuve et peut-être même que celle de l'Etna, a dû, à une époque dont l'histoire ne nous a pas conservé le souvenir, s'abîmer tout à coup dans les profondeurs de la mer et donner lieu au grand *cirque ou cratère d'enfoncement*, également elliptique, compris entre ces trois îles, et au milieu duquel ont surgi, à différentes épo-

ques bien connues, plusieurs petites îles, dont les éruptions nouvelles viennent d'augmenter le nombre.

Ce grand affaissement volcanique, arrivé sans doute à la suite des
puissantes éruptions qui ont donné naissance à la couche considérable
de déjections blanches et tufacées qui recouvrent les trois îles et y
forment le sol, est d'autant plus admissible que nous avons eu, dans
les temps modernes, plusieurs exemples d'affaissements semblables,
et entre autres, celui du volcan de *Papandanyand*, dans l'île de
Java, qui, en 1772, rapporte l'illustre géologue anglais Ch. Lyell, après
quelques éruptions et une violente secousse de tremblement de terre,
s'abîma aussi tout à coup sur des proportions bien plus grandes encore.
Son cône fut réduit de 1200 mètres de hauteur; quarante villages
furent détruits, trois mille personnes et un très-grand nombre de
bestiaux périrent, et il en résulta un nouveau *cratère d'enfoncement*
qui n'a pas moins de 24 kilomètres de longueur sur 11 à 12 de
largeur.

Il résulte de ce que nous venons de dire que le groupe volcanique
de Santorin peut se diviser en deux époques géologiques bien distinctes,
l'une antérieure aux temps historiques, et l'autre d'une époque tout
à fait moderne. La première comprend les trois îles de *Théra*, *Thérasia* et *Automaté*, aujourd'hui *Aspro-Nisi* ou île *Blanche*, nom qui
aurait bien pu s'appliquer également aux deux autres. Les seuls
souvenirs historiques qui se rattachent à ces îles sont purement
légendaires, et Pline, qui nous les a conservés, se contente de dire que
les anciens auteurs rapportent que l'île de *Théra*, après sa sortie des
eaux, fut nommé *Kalliste (la Belle)*.

Pour compléter ce qui a rapport à l'histoire de ces trois îles anciennes, nous devons signaler un événement historique sur lequel il
a été souvent fait confusion, et qui prouve bien l'origine commune
de ces îles, qu'un examen géologique suffit d'ailleurs seul pour démontrer, savoir : que, dans la 135e Olympiade, c'est-à-dire 236 ans
avant l'ère chrétienne, *Thérasia* fut séparée de *Théra*, à la suite de
violents tremblements de terre. Le canal profond qui sépare aujourd'hui les deux îles n'a pas moins de 2 kilomètres.

Quant à la séparation d'*Aspronisi*, il est très-probable qu'elle s'est
faite par simples dénudations, ce qui expliquerait le silence absolu de
l'histoire à ce sujet; car celle-ci ne nous a guère conservé que les
faits qui, comme les convulsions du globe, ont eu anciennement à
peu près seules, le privilége d'attirer l'attention des hommes.

Il existe, entre Aspronisi et Thérasia, à environ 2 kilomètres au sud du rocher de *Kinima*, situé à la pointe sud-ouest de cette dernière île, un récif sous-marin nommé *Mansel*. Ce récif, dont jusqu'ici personne n'a encore fait mention, et dont le point culminant n'est qu'à 3 mètres seulement de la surface de l'eau, serait d'autant plus intéressant à étudier au point de vue géologique, que s'il n'est pas un des restes sous-marins du grand cratère d'enfoncement, il a probablement été soulevé, et sa direction autorise surtout cette supposition, lors de la séparation de Thérasia, ou qu'enfin il pourrait devoir, comme le banc de Kolumbo, situé au nord-est de Santorin, son existence à des éruptions restées sous-marines.

Kaïménis.

Les petites îles qui composent le groupe volcanique moderne ou des temps historiques se distinguent de celles plus anciennes par leur teinte généralement noirâtre, qui forme contraste avec le manteau blanc de celles-ci; et leur aspect quelque peu sinistre leur a quelquefois valu le surnom d'*îles du Diable*. Formées toutes de la même manière, elles ont un air de famille qui s'explique d'ailleurs par cette raison qu'étant assez rapprochées, elles ont dû être fréquemment recouvertes par les matières projetées par les foyers voisins.

La plupart des écrivains anciens ou modernes qui ont parlé de ces îles et des phénomènes convulsifs qui ont accompagné leur naissance ont souvent fait confusion soit par rapport aux faits historiques qui les concernent, soit par rapport à ces îles entre elles. Aussi, n'est-ce qu'après avoir lu et commenté avec soin tous les auteurs que j'ai pu établir une chronologie historique rectifiée des éruptions qui se sont succédé depuis les temps historiques dans le golfe de Santorin, et y ont successivement donné naissance aux *Kaïménis*.

Hiéra-Nisi,
ou simplement *Hiéra* (île sacrée).

La naissance de cette île, appelée indifféremment aujourd'hui *Paléo* ou *Mégalo-Kaïméni* (la Vieille ou la Grande-Brulée), date de seulement quarante-deux ans après la séparation de Thérasia. Elle remonte donc à la deuxième année de la 145° olympiade, ou à l'année 194 avant Jésus-Christ.

Suivant *Oléarius*, dans la vie d'*Apollonius* de *Thyare*, cet événement fût accompagné de secousses de tremblement de terre si fortes

que l'île de Crète en fut toute ébranlée et que la mer se retira tout à
coup de 7 stades (1 300 mètres). *Sénèque* nous a conservé, d'après le
géographe *Posidonius*, des détails intéressants et assez circonstanciés
sur la naissance de cette île, qui fut dédiée à Pluton et aux dieux infer-
naux. *Strabon* rapporte aussi qu'au milieu de l'espace qui est entre Théra
et Thérasia, on vit pendant quatre jours des flammes sortir de la mer
et qu'il s'éleva tout à coup, du milieu des feux sous-marins, une île
composée de scories, ayant 12 stades (2 1/4 kilomètres) de circon-
férence. *Justin* ajoute de son côté, qu'au grand étonnement des
marins, les eaux acquirent un grand degré de chaleur, qu'une île
apparut au milieu des flots, et que dès sa naissance elle posséda
plusieurs sources thermales. Elle était née dans un endroit où, dit
Asclépiodote, la mer aurait eu auparavant 200 brasses de profondeur.

Thia (la Divine).

Suivant *Pline*, en l'an 19 de notre ère, après un repos de 213 ans,
le volcan reprit son activité, et après les convulsions préliminaires, il
surgit, à environ 350 mètres (2 stades) de Hiéra, une île nouvelle
qui fut nommée *Thia*, et sur laquelle il n'a été conservé que très-peu
de souvenirs; cependant *Cassiodore* prétend qu'elle n'aurait pas eu
moins de 30 stades (environ 5 200 mètres) de circuit.

Sénèque rapporte que de son temps, en juillet de l'an 799 de la
fondation de Rome, qui correspond à la 46e année de l'ère actuelle,
les phénomènes volcaniques se renouvelèrent à Santorin, mais sans
rien ajouter sur ce qu'il en advint.

Enfin, suivant *Philostrate*, il aurait encore surgi au printemps de
l'an 60, à la suite de violents tremblements de terre, une troisième île
dans le voisinage de *Hiéra-Nisi*; mais cette île, ainsi que celle de
Thia, dont il n'a plus été question par la suite, se sont sans doute af-
faissées et ont disparu, si elles ne se sont pas réunies à *Hiéra*.

Après ces derniers événements, le volcan entra dans une longue
période de calme qui ne dura pas moins de 666 ans, après laquelle,
au mois d'août de l'an 726 de notre ère [1], des mugissements souterrains se firent de nouveau entendre dans le golfe de Théra ; on vit les
eaux bouillonner et des nuages de vapeurs et de fumées épaisses
s'échapper de la mer aux environs de Hiéra ; puis il y eut pendant

---

[1] *Théophraste* a rapporté cet événement à l'année 712, et *Nicéphore* le fixe à
l'année 727.

plusieurs jours des éruptions continuelles pendant lesquelles des roches embrasées, s'élançant du milieu des flammes, s'élevèrent à de très-grandes hauteurs et menacèrent d'incendier les îles voisines. Des quantités considérables de pierres ponces furent transportées jusque sur les côtes de la Macédoine et à travers l'Hellespont. Les rochers que la mer avait vomi avec tant de fracas, s'unirent pour composer une nouvelle île qui se joignit ensuite à Hiéra, où elle forma le petit port de San-Nicolo, qui offre un assez bon mouillage.

— En 1457, après une nouvelle et longue période de calme de 731 ans et après de violents tremblements de terre accompagnés d'effroyables bruits souterrains, Hiéra fut encore notablement accrue vers sa partie orientale par de nouvelles éruptions. Il nous a été facile de bien reconnaître, autant à la nature des roches qu'à l'absence de toute végétation, la partie de l'île due à ce nouvel accroissement, qu'une inscription en vers latins adressés à un certain *Crispus*, alors duc de Naxie et de Santorin, a d'ailleurs consacré ; cette inscription est conservée dans une église de Skoro, à Santorin.

Enfin, suivant *Martin Baumgarten*, cité par *Scaliger*, il y aurait encore eu vers la fin de mai 1508, toujours à la suite de nouvelles convulsions souterraines, des éruptions vers l'île de Hiéra, mais il n'est pas dit que ces nouveaux phénomènes volcaniques aient contribué à son agrandissement.

La surface entière de l'île paraît complétement due à des exhaussements successifs de laves consolidées, car nous n'y avons pas reconnu, comme dans les îles voisines qui lui ont succédé, de cônes d'éruptions, en sorte que les masses stratifiées de cinérites et de pépérinos qu'on y observe aujourd'hui, seraient le résultat de dépôts sous-marins, postérieurement soulevés.

Depuis 1508, bien que le père jésuite *Richard* (1) assure que de son temps (vers 1650), on voyait encore quelquefois sortir de la fumée de la partie la plus récente de l'île de Hiéra, elle ne paraît plus avoir éprouvé de bouleversements. La principale bouche du volcan s'était déplacée.

Mikro-Kaïméni.

En 1573, à environ 3 kilomètres au nord-est de Hiéra et à peu près à la moitié de la distance qui sépare cette île du port de Théra,

____

(1) *Relation de l'île de Santorini*, Paris, 1657, in-12.

de nouvelles éruptions eurent lieu, et il se forma une nouvelle île volcanique n'ayant guère que 3 kilomètres de tour et que pour cette
raison, on nomma *Mikro-Kaïmêni* ou *Petite Brûlée.* Malgré l'origine assez récente de ce Kaïmêni, néanmoins la relation des phénomènes qui accompagnèrent sa naissance ne nous a pas été conservée
et le père *Richard* qui seul nous en a transmis la date, se borne à dire
qu'à l'époque où il se trouvait à Santorin, bon nombre de vieillards se
rappelaient encore d'avoir vu apparaître cette petite île, au milieu des
flammes, du tonnerre et des éclairs. J'ai pu au reste facilement reconnaître qu'elle s'est formée d'une manière un peu différente que
Paléo-Kaïmêni, car si elle s'est en partie formée comme celle-ci,
par l'exhaussement de laves déjà consolidées, elle s'est surtout accrue
en hauteur par des déjections meubles qui y ont formé un petit cône
d'éruption, terminé par un cratère échancré d'un côté et encore rem-
pli d'énormes blocs d'obsidienne porphyroïde noirâtre. Sa hauteur
au-dessus du niveau de la mer, n'est aujourd'hui que de 67 mètres ;
mais, à l'origine, il était un peu plus élevé, car, pendant que la
Nouvelle-Kaïmêni se formait, la *Petite-Kaïmêni* s'affaissait notablement ; ainsi, des magasins qui y avaient été construits à la base du
cône, à 5 ou 6 mètres au-dessus de la mer, se trouvèrent ensuite au-
dessous, de manière que les bateaux pouvaient y entrer et y rester à
flot.

La partie de l'île formée par exhaussement se compose, comme
à *Paléo-Kaïmêni*, de porphyres trachytiques bleuâtres, lithoïdes et
d'obsidienne brunâtre, smalloïde, à surfaces scoriacées. Ces roches
forment un amas confus de blocs anguleux, d'un accès très-difficile
et fort dangereux en cas de chute.

Banc de Kolumbo.

En 1650, il y eut, non plus cette fois au centre du golfe de Santorin,
mais en dehors et à environ 4 milles vers le nord-est, dans la direction d'Amorgo, de nouvelles éruptions sous-marines très-considérables
et qui furent précédées, dans le courant de 1649, par de fréquentes
secousses de tremblements de terre. Le père Richard, témoin oculaire,
nous a heureusement fourni une relation très-détaillée de cet événement, dont les auteurs qui ont écrit après lui, sur Santorin, n'ont
cependant fait aucune mention.

Dans la relation intéressante que ce bon père en a donné, il dit,
entre autres choses, que de très-gros rochers furent projetés à plus

de 2 lieues de distance, et effectivement on rencontre encore aujourd'hui, dans la partie nord de l'île de Santorin, bon nombre de blocs, à moitié enterrés dans le sol, qui paraissent provenir de ces projections. Les phénomènes d'éruption de Kolumbo durèrent pendant trois mois, et l'on s'attendait à chaque instant à voir surgir à cet endroit une nouvelle île, un nouveau *Kaïméni*, mais il n'en fut rien : seulement le fond de la mer s'éleva beaucoup et les sondages n'indiquent plus aujourd'hui qu'un fond de cinérites qui n'a pas plus de 10 brasses vers son point culminant.

Les habitants de Santorin furent si incommodés par les vapeurs méphitiques et délétères exhalées par cette nouvelle bouche volcanique, que plus de 50 personnes et un très-grand nombre d'animaux domestiques en périrent. Bon nombre de maisons furent renversées par les secousses répétées ; la montagne de *Mérovigli* s'entr'ouvrit et le refoulement des eaux de la mer fut tel, que toutes les plaines de l'île furent envahies et couvertes de poissons morts et de galets entraînés à leur suite. A Nio, les vagues s'élevèrent jusqu'à 50 pieds, et dans le port de Candie plusieurs barques furent rompues par la violence des vagues. Mais ce qu'il y eut de plus curieux à Santorin fut que les eaux, en se retirant, mirent à découvert, de chaque côté de la montagne de Saint-Étienne, les ruines de deux villages qui avaient été ensevelis à une époque dont on n'avait conservé aucun souvenir.

Le vacarme de ces éruptions sous-marines fut tel, rapporte de son côté Thévenot, que les détonations furent entendues de l'île de Scio, distante de 120 milles, et ses habitants crurent un instant que les flottes turque et vénitienne se livraient un grand combat dans ces parages. Les cendres vomies par le volcan, portées par les vents jusque dans la Natolie, y couvrirent les feuilles des arbres d'un enduit blanchâtre qui, ajouté aux bruits entendus, fit supposer aux Turcs que toutes les îles de l'Archipel avaient été consumées par les feux du ciel.

Il est à remarquer que si du Banc de Kolumbo, ou plutôt de l'île d'Amorgo-Poulo, située à 24 ou 25 kilomètres encore plus au nord-est, on fait passer une ligne par les *Kaïméni* et qu'on la prolonge vers le sud-ouest, elle va rencontrer à 25 et 26 kilomètres les îlots également volcaniques de Christiania (les anciennes *Ascania*). Cette ligne N. 40° E. indique une fracture tout-à-fait parallèle à notre *système dardanique*, parallèle lui-même au *grand cercle de comparaison des Alpes occidentales* de M. Elie de Beaumont.

Néo-Kaïméni.

De 1707 à 1712, le volcan de Santorin se rouvrit de nouveau dans le milieu de son golfe et il s'y forma entre *Paléo* et *Mikro-Kaïméni* une troisième île, plus grande et plus élevée que ses deux aînées, à laquelle on donna le nom de *Néo-Kaïméni* ou *Nouvelle-Brûlée*.

Sa formation présente quelques particularités qu'il n'est pas sans intérêt de faire connaître. Le 25 mai 1707, au point du jour, apparut entre les deux Kaïménis une masse blanche de figure ronde, qu'on prit d'abord pour un navire échoué ; mais on s'aperçut bientôt qu'elle s'élevait par des mouvements très-sensibles : c'était un nouvel écueil faisant son apparition, sans fracas, sans bruit et sans secousses. Il était entièrement composé de pierre ponce, qui, ainsi que je l'ai reconnu, semble avoir été enroulée sur elle-même ; cette pierre ponce était évidemment due à une émission lente, à une espèce de suintement de la lave au fond de la mer.

L'écueil continua de s'accroître ainsi lentement jusqu'au 17 juillet, époque où l'on vit s'élever un peu plus au nord et dans un endroit où, auparavant, il y avait un fond de 200 brasses, de la fumée, des vapeurs, des gaz qui répandirent une grande infection. La mer, très-agitée, y acquit un très-haut degré de température, elle devint sale, puis successivement rougeâtre, jaunâtre et blanchâtre ; un très-grand nombre de poissons périrent, et l'on vit enfin s'élever une petite chaîne de 17 à 18 rochers noirs d'obsidienne trachytique, un peu séparés les uns des autres, mais qui se réunirent bientôt par leur exhaussement continu. Pour distinguer ces deux écueils, on leur donna d'abord : au premier, le nom d'*Aspro-Nisi*, ou *île Blanche* ; et au second, celui de *Mavro-Nisi*, ou *île Noire*.

Le volcan continuant ses évolutions, lançait parfois des colonnes de fumée qui furent aperçue de Naxie et même de l'île de Candie : il se forma quatre nouveaux écueils qui se réunirent successivement à l'*île Noire*, et le 25 juillet, après une violente explosion, il s'y établit un grand cratère par lequel des rochers d'un volume énorme furent lancés à plus de deux milles de distance. Quatre jours d'un calme plat qui succédèrent firent croire à l'apaisement ou à l'épuisement du volcan ; mais il reprit bientôt son activité, et le 9 septembre, l'*île Blanche* et l'*île Noire* se réunirent par des accroissements successifs. Le volcan continua ainsi ses éruptions par intermit-

tences, jusqu'en 1712, époque où il cessa de vomir des matières
meubles.

L'île avait ainsi acquis une surface d'environ 12 kilomètres de tour,
et son cône d'éruption, appelé par les habitants le *Grand-Fourneau*,
s'était élevé de 105 mètres au-dessus du niveau de la mer; son cratère est des mieux conservés.

Quoique ce volcan parût, depuis lors, rentré dans une période de
repos absolu, cependant, le fond qui sépare la *Vieille* et la *Nouvelle
Kaïméni*, où se sont fait les nouvelles éruptions de 1866, s'était déjà
sensiblement élevé lorsque je visitai l'île, en 1829 et en 1830; l'espace où les bâtiments pouvaient mouiller avait beaucoup augmenté
en étendue; et au nord-est de la Nouvelle-Kaïméni, en un endroit où
auparavant on ne pouvait trouver le fond avec la sonde, on rencontrait
alors la roche à seulement 90 brasses.

Prédiction de l'apparition prochaine d'un nouveau Kaïméni.

Indépendamment de l'exhaussement dont il vient d'être parlé, qui
s'effectuait lentement entre les deux grandes Kaïménis, un nouveau banc
de roche s'élevait également, à peu près vers le tiers de la distance
qui sépare la *Petite Kaïméni* du port de *Théra*. (Voir la *Carte* ci-
jointe, rectifiée d'après celle de l'Amirauté anglaise du capitaine Thomas Graves, publiée en 1848 et 1863, de l'île de Santorin, que M. l'a-
miral Pâris, avec une extrême obligeance, a bien voulu faire mettre
à ma disposition.) Du temps d'Olivier, qui visita Santorin à la fin du
siècle dernier, les pêcheurs assuraient que le fond de la mer s'était
beaucoup élevé depuis peu en cet endroit, et la sonde n'y indiquait
déjà plus que 15 ou 20 brasses; mais on n'y pouvait jeter l'ancre,
parce que c'était un fond de roches très-dures tranchantes et qui cou-
paient les cables aussitôt.

En 1829, quelques sondages que nous fîmes, le colonel Bory de
Saint-Vincent et moi, ne nous indiquèrent plus que 4 1/2 brasses en
ce même endroit, et en 1830, lorsque j'y retournai avec le vice-ami-
ral de Lalande, ce bas-fond n'indiquait déjà plus que 4 brasses. Son
étendue, que nous déterminâmes alors par une série de sondages,
était de 4 encâblures (800 mètres) de l'est à l'ouest, et de 2 et 1/2 encâblures (500 mètres) du nord au sud. Le fond était partout de roche,
couverte de quelques algues. A partir du milieu, il perdait graduellement de sa hauteur, au nord et à l'ouest, depuis 4 brasses jusqu'à

29, et au sud et à l'est, jusqu'à 45 brasses. Au delà, on ne trouvait plus qu'un très-grand fond.

Comme c'est à cet amiral qu'on doit la détermination exacte du nouvel écueil sous-marin, j'ai cru devoir lui imposer le nom de *Lalande*; c'est d'ailleurs un dernier hommage rendu à un brave et intrépide amiral qui, placé à la tête des escadres du Levant, avait eu un instant l'espoir de nous faire prendre notre revanche de Trafalgar ; malheureusement la couardise du gouvernement d'alors vint causer une déception amère à toute la flotte, et paralyser le courage de nos braves marins.

En 1836, le même savant et modeste amiral m'écrivit pour m'annoncer qu'il était retourné, en septembre 1835, à Santorin ; qu'il s'était assuré que notre écueil avait continué à s'élever, qu'il n'était déjà plus qu'à deux brasses et demie de la surface, et qu'il formait un récif sous-marin, dont les bâtiments ne pouvaient plus s'approcher sans danger. En même temps il m'annonçait avoir reconnu que la curieuse propriété de détruire les coquillages et les plantes marines qui s'attachent aux carènes des navires, attribuée aux eaux du canal de *Diapori* ou *grand port (Megalo)*, qui sépare la *Petite* de la *Nouvelle Kaïméni*, ne se produisait que par intermittences, mais qu'il avait constaté que cette singulière propriété de nettoyer les coques de cuivre des vaisseaux, évidemment due à des dégagements de gaz délétères ou acides, était permanente dans le petit port de *Vulcano*, situé au sud de *Néo-Kaïméni*. Cette propriété avait persisté, et en 1860, M. l'amiral de la Roncière-le-Nourry, y envoyait l'aviso à vapeur *Le Héron*, qui, à l'aide de ces émanations sulfureuses, fut bientôt débarrassé des coquilles et des herbes qui entravaient sa marche.

Calculant dès lors l'exhaussement graduel du nouvel écueil sous-marin, et signalant le fait à l'*Académie des Sciences*, je lui annonçai que si cette espèce de colonne solide continuait à s'élever ainsi progressivement, comme le ferait un bouchon qui serait lentement chassé par une expansion de gaz, on devait s'attendre à voir surgir dans le golfe de Santorin, une nouvelle île vers 1840. Cet exhaussement paraît n'avoir pas continué, mais en revanche celui qui s'opérait entre les deux grandes Kaïménis ne s'est pas arrêté, il vient 25 ans plus tard, ce qui est un temps bien court en géologie, de faire son apparition solennelle à la surface des eaux, et j'allais proposer de l'appeler *Prosméno-Nisi* ou *île attendue*, lorsque les journaux sont venus nous apprendre qu'elle avait déjà reçu le nom *du roi Georges*.

Géorgio-Nisi ou île du roi Georges.

Suivant une lettre du docteur Décigallas de Santorin, communiquée à M. Ch. Sainte-Claire-Deville, par M. François Lenormand, le 28 et le 29 janvier dernier, on ressentit dans toute l'île de Santorin plusieurs secousses légères de tremblement de terre, qui, sans causer de dégât, produisirent cependant une grande frayeur parmi les habitants. Le 30, les secousses recommencèrent et se firent sentir avec une grande intensité à *Néo-Kaïméni*; vers le soir, la mer prit tout autour de cette île une couleur blanche due à des dégagements de vapeurs sulfureuses, et, au sud de Néo-Kaïméni, les flots bouillonnaient comme dans une chaudière.

Pendant que ces phénomènes se produisaient, on commençait à entendre des bruits souterrains qui se prolongèrent pendant plusieurs jours ; les uns les comparaient au bruit du tonnerre, les autres à une canonnade très-nourrie.

Pendant la nuit du 30 au 34, on vit distinctement de la ville de Santorin (Théra), des lueurs rouges, hautes de 3 à 4 mètres, s'élever du milieu de la mer. Le 34, au matin, la mer changea de couleur, et prit une teinte rouge très-prononcée pendant que les eaux acquéraient une extrême amertume; les secousses continuèrent à se faire sentir à Néo-Kaïméni avec une intensité toujours croissante, et vers le milieu du jour une rupture se produisit au promontoire qui forme le petit port de *Vulcano*, et le détacha de l'île ; il s'éleva en même temps de la fissure, des vapeurs tellement intenses qu'elles mirent en fuite les différentes troupes d'oiseaux de mer accourus pour se repaître des nombreux poissons morts qui flottaient à la surface des flots.

Vers le soir de la même journée, le sol de Néo-Kaïméni commença à s'affaisser rapidement, et les quelques familles qui l'habitaient s'enfuirent épouvantées. L'affaissement fut d'abord de 30 centimètres par heure; puis, après deux heures, il se ralentit et n'était plus que de 40 centimètres ; durant la journée du 1er février, il n'alla plus qu'à 5 centimètres par heure, et il s'arrêta enfin vers le soir. Pendant tout ce temps, les secousses et le fracas souterrain continuaient avec la même violence; la rupture allait s'élargissant; des torrents de vapeurs et de gaz sulfureux continuaient de s'en dégager avec force; les roches du promontoire devinrent brûlantes : cinq petits lacs d'une eau d'abord douce et transparente, mais qui devint bientôt rouge et très-amère, se formèrent dans la partie sud-ouest de l'île, jusqu'alors complétement sèche.

Dans la nuit du 31 janvier au 1er février, les flammes reparurent au milieu du canal, et dans la journée du 1er février, elles furent remplacées par d'épais nuages d'une fumée bleuâtre, qui se dégageait avec un sifflement très-intense, en faisant bouillonner les flots. Dans la matinée, les officiers du *Plixaura*, bâtiment à vapeur envoyé par le gouvernement grec, explorèrent le centre de l'action volcanique qui se manifestait là où la mer était auparavant fort profonde ; ils y trouvèrent un écueil qui s'élevait avec rapidité et qui bientôt devint une île.

Le docteur Décigallas, qui s'était rendu à Néo-Kaïméni, avec le sous-préfet de Santorin, M. Nakos, disait dans sa lettre :

« C'est un spectacle magnifique et des plus imposants. On voit l'île grandir et se former de la manière la plus paisible, et si rapidement que l'œil en suit tous les progrès. Depuis qu'elle est sortie, les secousses de tremblement de terre, les bruits souterrains, les flammes, l'émission de la fumée, tout a cessé. L'île nouvelle seule monte silencieusement, et s'étend d'heure en heure davantage. Le 2 février, à la tombée de la nuit, elle paraissait avoir 50 mètres de longueur sur 10 à 12 de large, et s'élever de 20 à 30 mètres au-dessus de la mer. Dans les journées des 3 et 4, elle a monté et grandit d'une manière continue, mais toujours aussi paisiblement. »

M. Ledoulx, consul de France à Syra, qui s'est aussi rendu à Santorin, dit, dans son rapport, que le 7 on apercevait déjà, de 25 à 30 milles, une immense colonne de fumée qui s'élevait par bouffées du centre de l'île, et que, lorsqu'il entra dans la rade, les trois Kaïménis disparaissaient au milieu de tourbillons de flammes, de fumée, de vapeurs. La mer était brûlante et teinte de couleurs métalliques, bouillonnant avec fracas.

Dans une lettre nouvelle, le docteur Décigallas annonce que la nouvelle île a reçu le nom de *Géorgio-Nisi* ou île du roi Georges, et il ajoute les nouveaux détails suivants :

Le 9 février, la nouvelle île qu'on désigne aussi du nom de *Promontoire George*, avait déjà atteint une longueur de 140 mètres sur 65 de largeur et 45 à 50 de hauteur ; elle atteignait presque Néo-Kaïméni dont elle masquait entièrement le port de Vulcano, le dépassant même beaucoup vers le sud-ouest. Son soulèvement, arrêté passagèrement le 7, avait bientôt recommencé, et, en approchant de l'île, on entendait un mugissement semblable à celui qui s'échappe d'une chaudière en ébullition.

Le *Promontoire George* a la forme d'un cône ; il est formé d'une roche très-noire qui est une lave noire vitreuse très-feldspathique. De nombreuses fissures qui s'entrecroisent, laissent apercevoir un noyau de matières incandescentes, qui le font apparaître pendant la nuit comme un amas de braises allumées au-dessous. Dans la nuit du 6 au 7, on voyait l'îlot couvert de petites flammes rouges et bleues.

Les vapeurs qui se dégageaient sans cesse de ce foyer, enveloppaient toute l'île de Santorin d'un brouillard épais qui répandait, au début, une odeur insupportable ; mais le 9, elles étaient devenues très-humides et avaient cessé d'être sulfureuses.

L'affaissement du Néo-Kaïméni, arrêté le 2, a recommencé à se manifester dans la journée du 8, et le 9 il avait atteint 6 mètres. Outre la fissure qui avait déjà séparé de l'île le petit promontoire du port de Vulcano, il s'est produit une nouvelle crevasse qui coupe l'île en deux parties égales. Sa partie méridionale se montre en outre sillonnée de fissures d'où s'échappent des vapeurs.

Toutes les eaux de la rade ont pris une teinte blanchâtre, c'est une véritable mer de lait qui bouillonne au centre et de telle sorte qu'on ne peut y plonger la main sans qu'elle soit échaudée. Les officiers de la marine grecque ont exécuté des sondages vers le sud de la nouvelle île et y ont constaté un soulèvement à peu près général du fond.

M. Fouqué, qui a envoyé un premier rapport à M. de Beaumont, annonce que le 13 février un nouvel îlot, qu'on a surnommé *Aphroëssa*, s'est soulevé dans le canal compris entre *Paléo* et *Néo-Kaïméni*, en face du cap *Phlego* qui forme la pointe sud-ouest de cette dernière île ; il n'en est séparé que par un canal de 100 mètres, dont la profondeur diminue sans cesse : des sondages, faits le 6 mars, accusaient 17 mètres de fond, et le 9, il n'y en avait déjà plus que 10. Sa forme est à peu près ronde, avec un diamètre d'environ 100 mètres et une hauteur de 15 à 20 mètres. Il est en même lave noire que l'île George.

Le 10 mars on a aperçu près d'*Aphroëssa* un nouvel îlot que MM. de Verneuil et Fouqué ont surnommé *Réka*, il n'avait encore que 30 à 40 mètres d'étendue, sur 1^m50 de hauteur. Mais la partie la plus intéressante des communications de M. Fouqué a trait aux dégagements des gaz. Il a reconnu, outre les acides chlorydriques, sulfureux et sulfydriques, des gaz qui sont combustibles et qui s'enflamment au contact de l'air et de la lave incandescente ; en sorte que les îles nouvelles sont enveloppées de véritables flammes, ce dont on avait douté jusqu'ici. Ce savant ajoute que les projections sont assez rares et qu'il ne s'est pas encore formé de véritable cratère. L'une de ces projections a causé l'incendie d'un petit navire stationné dans le canal *Diapori* et causé la mort de son capitaine qui a été tué par un fragment de roche.

Voilà donc de compte fait, trois îles nouvelles ; mais il est plus que probable qu'aucune d'elles ne persistera comme île isolée et qu'elles se réuniront successivement à celle de Néo-Kaïméni.

A tous ces détails particuliers j'ajouterai encore comme renseignements généraux, qui sembleraient, à première vue, devoir faire conclure à un ébranlement général de toute la Grèce, que le 7 février dernier, on a ressenti en Morée de violentes secousses de tremblement de terre, mais dont les ondulations paraissaient dirigées de l'est à l'ouest ; que les secousses qui depuis quelque temps désolaient l'île de Scio, auraient, après l'émission de fortes colonnes de fumée, entre cette île et la côte voisine, cessé tout à coup, bien que cependant une forte secousse se soit encore fait ressentir, le 2 février, le lendemain de la naissance de l'île *du roi Georges !...*

Si ces accidents ne sont pas dus, comme nous le pensons, à des coïncidences fortuites, ils prouvent tout au moins la facilité avec laquelle les secousses de tremblement de terre peuvent quelquefois se propager à de grandes distances, lorsque les couches qui composent la croûte du globe se prolongent elles-mêmes fort loin, sans interruption ; le mouvement ondulatoire imprimé sur un point devant nécessairement se propager à travers ces couches. C'est ainsi, par exemple, que nous avons reconnu que de simples coups de mines, qui n'ont cependant rien de bien comparable à la violence de certains phénomènes volcaniques, produisent, eux aussi, de véritables tremblements de terre qui peuvent se faire sentir parfois assez loin, lorsque les couches du sol sont régulières. Du reste, les tremblements de terre sont loin d'avoir toujours les volcans pour origine, et nous avons démontré depuis longtemps avec M. Boussingault (1) que les éboulements et les affaissements de terrains qui s'opèrent dans les cavités profondes du sol, surtout dans les chaînes d'une origine récente, sont aussi la cause de beaucoup de ces tremblements de terre.

Il est évident pour moi que le calme apparent dans lequel est entré le volcan de Santorin, après le fracas et les divers phénomènes qui ont précédé la naissance de la nouvelle île, n'est probablement que momentané. Ce calme tient, sans aucun doute, à ce qu'un courant de lave s'est enfin ouvert une issue à la partie inférieure de son

(1) Voir *Bul. Soc. géol. de France*, p. 52 et 303 du tome VI (1834—1835).

grand cratère. Or, cette lave en s'épanchant et en s'élevant successivement au fond de la coupe qui l'enserre, soulève en même temps,
par un mouvement progressif correspondant, les laves consolidées qui
la recouvrent et qui viennent par suite de constituer à la surface de
l'eau de *nouvelles Kaïménis*. Je répète que ce calme d'aujourd'hui n'est
que momentané, car, quand cette lave nouvelle se sera refroidie à
son tour, le volcan faisant de nouveau un effort pour se remettre en
éruption et ouvrir un nouveau passage à son fleuve de feu, les phénomènes convulsifs se reproduiront avec plus ou moins d'intensité et
de violence, et peut-être verrons-nous bientôt un nouveau cône d'éruption s'établir à la surface de ces nouvelles îles !.....

Quoique les habitants disent avec l'assurance de gens familiarisés
avec ces phénomènes, que quand la soupape de sûreté fonctionne régulièrement, le jeu de la nature doit se terminer sans déchirements
ultérieurs ; cependant, le 21 février, le jour même où la mer était en
furie, le volcan reprit une activité nouvelle, les bruits et détonnations
se firent entendre à d'assez grandes distances, et deux membres de la
commission scientifique grecque ont failli être écrasés par les matières
projetées ; ainsi donc la soupape de sûreté est très-susceptible de se
déranger, et les habitants ne doivent pas trop compter sur elle.

Conclusions.

Beaucoup de géologues, ne se rendant pas bien compte du phéno-
mène *des soulèvements de montagnes*, les ont quelquefois attribués
aux volcans, c'est là une grave erreur ; car, ceux-ci, loin d'être la
cause de ces soulèvements, n'en sont au contraire que la conséquence,
leurs foyers n'ayant réellement pu s'établir que dans les points de
moindre résistance, c'est-à-dire dans les lignes de fracture du sol.
Cette erreur vient aussi de ce que les hommes, généralement en-
clins à comparer les phénomènes de la nature à l'extrême peti-
tesse de leur être, s'exagèrent beaucoup trop la puissance et les
proportions des phénomènes volcaniques ; tandis qu'en les comparant
à la masse entière du globe, ils ne sont plus, à vrai dire, que des
phénomènes microscopiques, n'ayant rien, absolument rien de comparable à la force immense qui a sollicité et déterminé les véritables
soulèvements, les soulèvements des chaînes de montagne : et, en effet, après tant de convulsions, après tant d'ébranlements du sol, après
tant d'éruptions, d'exhaussements et d'affaissements locaux, répétés

depuis plus de deux mille ans, dans l'archipel de la Grèce, qu'en est-il résulté par rapport à son ensemble ? Rien ! Tout dans cet archipel est resté dans le même état !... Aucun soulèvement réel, depuis les temps historiques, n'a pu y être signalé et constaté !...

Les *Kaïménis* ne sont que les sommets changeants et variables de cônes volcaniques ; et ils ne se distinguent de ceux de l'Etna, du Vésuve, du Stromboli, etc., que parce qu'ils ont encore leur base plongée dans la mer.

C'est donc bien à tort qu'on s'est quelquefois appuyé de leurs *prétendus soulèvements*, pour en conclure celui des chaînes de montagnes, ou pour appuyer l'hypothèse un instant célèbre, mais aujourd'hui quelque peu délaissée, sinon tout à fait abandonnée, des *cratères de soulèvement*, dont je me suis efforcé, en 1832, dans mes *Considérations sur le système volcanique de Santorin* (Voir *Bull. Soc. Géol.*, t. III, 1te série), de démontrer le peu de fondement, sans que l'on ait depuis, du moins que je sache, fourni d'arguments plausibles, pour réfuter les raisons théoriques sur lesquelles je m'étais appuyé. »

Depuis le 10 mars, époque où l'article qui précède s'arrête, les phénomènes volcaniques ont continué à se manifester à des degrés différents d'intensité, et le 23 avril, par exemple, ils reprirent avec assez de violence pour jeter de nouvelles alarmes parmi les habitants.

Mes prévisions sur la réunion à Néo-Kaïméni des nouveaux îlots n'ont pas tardé à se réaliser, et *Géorgio-Nisi*, surgie au milieu du port de vulcano que petit à petit elle a fini par obstruer complétement, s'est transformée en un nouvel *akrotyrion* ou promontoire, s'étendant aujourd'hui du pied du cône d'éruption, où il a recouvert les petits lacs, jusqu'à 300 mètres au delà de l'ancien rivage, vers le sud de l'île.

Les îlots d'Aphroëssa et de Réka, réunis de leur côté au cap Phlégo, forment à l'ouest, en avant du port de San-Georgios, un autre akrotyrion en forme de jetée dirigée au nord jusqu'à 200 mètres au delà du port, mais de manière cependant à laisser son entrée libre, et en effet on peut encore y arriver par un canal qui conserve une largeur de près de 100 mètres. Malheureusement les phénomènes, dont ce petit port, si utile au commerce de Santorin, est encore le siége, doivent faire craindre de le voir s'obstruer tout à fait à son tour, car l'eau y est à une température de près de 80 degrés, et la quantité d'acide sulphydrique qu'elle contient est assez forte pour que son soufre, en se décomposant au contact de l'air, lui donne une apparence laiteuse.

L'accroissement de ces îlots, devenus caps, s'est fait à la fois par l'exhaussement de laves déjà consolidées et plus particulièrement vers les derniers temps par des coulées de laves, se déversant avec une extrême lenteur de chaque côté des fissures qui traversent ces caps dans le sens de leur direction. Ces coulées s'avancent en forme de toit dans la mer par des plans inclinés d'environ 45° jusqu'à 20 ou 25 mètres de distance, puis, dans les endroits où il y a un grand fond, elles semblent se précipiter verticalement et par blocs détachés. Les surfaces de ces combles refroidies par le contact de l'eau qu'elles échauffent à la température de l'ébullition, ne tardent pas à se consolider et à être ensuite émergées par suite de l'épaississement progressif de la nape fluide qui continue à couler en dessous.

Au moment du départ de M. Fouqué, le 17 mai, les détonations devenaient fort rares, mais on voyait toujours sortir des cratères de Georgios, d'Aphroëssa et de Réka, d'épaisses colonnes de fumées roussâtres composées de cendres et de vapeurs d'eau, s'élevant parfois à de grandes hauteurs. La nuit ces volumineux champignons ou *chous-fleurs (kounonpidis)*, comme les appellent, par comparaisons, les habitants, apparaissent incandescents. Les flammes réelles qui auparavant s'échappaient jusque vers les bases ne se manifestent plus qu'aux sommets.

La partie ancienne de l'île, située entre les deux nouveaux caps, semble être le siège de l'action volcanique principale, et pendant que l'ancien cône d'éruption se fendait au sommet et à sa base méridionale, quatre grandes autres fissures d'environ 150 mètres de longueur, ayant toutes la même direction E. 20° N. s'y formaient à travers la lave de 1707. Ces crevasses à angles aigus, dont le nombre s'est encore postérieurement accru, ont toujours été s'élargissant et s'opprofondissant à mesure que le sol s'exhaussait. Elles ont de 15 à 20 mètres de profondeur et 7 à 8 de large. Dans leur fond, circule, quand elles ne sont pas obstruées par des éboulements, des courants rapides d'eau salée chaude qui se précipitent vers Aphroëssa. Ces fractures donnent en outre lieu à des dégagements de gaz composés d'une petite quantité d'acide sulphydrique, de beaucoup d'acide carbonique, de carbures d'hydrogène et probablement d'hydrogène libre, mais dans les derniers temps ces dégagements gazeux ont cessé d'être combustibles.

A environ 40 mètres plus au nord que ces fractures, existe une ligne parallèle de fumarolles sulfureuses et chloridriques, douées d'une assez haute température pour fondre le zinc. On y entend de temps à autre des bruits souterrains qui ressemblent à des chocs violents se produisant contre le sol. Le 27 avril, à la suite d'un de ces chocs, il s'y est produit, dans l'endroit où la température était la plus élevée, un *cratère d'explosion* d'environ 20 mètres de largeur et de profondeur, espèce d'entonnoir dont les débris ont été projetés en tous sens.

Dans la partie orientale de Néo-Kaïméni, l'action volcanique ne se manifestait plus que par de légères oscillations du sol qui tantôt s'abaisse et tantôt se relève de 30 à 40 centimètres.

Une lettre du père lazariste Hypert fait connaître que le 19 mai il aurait surgi entre les caps Georgios et Aphroëssa, une nouvelle île qui n'aurait pas tardé à se joindre à Néo-Kaïméni, et il ajoute que le 22 M. Décigallas aurait constaté deux autres îles nouvelles situées l'une entre les deux grandes Kaïménis, vis-à-vis du port Saint-Nicolas, et l'autre dans le port de San-Georgios.

M. Delenda annonce également de son côté, la naissance entre Aphroëssa et Paléo-Kaïméni de deux nouveaux îlots distant l'un de l'autre d'environ 15 mètres; ils s'accroissent régulièrement, sans bruits, sans dégagements de gaz et sans production de chaleur; ils sont de plus, comme ceux qui formèrent à l'origine Néo-Kaïméni, couverts de plantes et de coquilles marines, ce qui prouve bien évidemment qu'elles sont dues à l'exhaussement des laves anciennement consolidées qui constituaient le fond de la mer en cet endroit. Ces îlots ont été baptisés du nom de *Mai* en souvenir de leur apparition dans le courant de ce mois par les géologues de la commission scientifique hanovrienne composée de MM. Fritsch, Reis et Stübel.

Enfin une dernière lettre de M. Décigallas annonce que les projections de roches et de cendres ont tellement augmenté dans ces derniers temps au promontoire Georgios qu'on a pu en compter jusqu'à 500 en 24 heures. Les flammes, ainsi que l'ont constaté les savants allemands, qui avaient disparu d'Aphroëssa, se sont montrées de nouveau le 18 mai, et, sur le flanc oriental il s'est fait une fissure par où coule une petite quantité de lave incandescente.

Le sol sous-marin a continué à se soulever graduellement entre Néo et Paléo-Kaïméni et là, où la carte hydrographique anglaise de M. Thomas Graves indiquait deux cent brasses, un sondage fait le 10 avril n'indiquait plus que cent vingt brasses; un autre, du 10 mai, n'y trouvait plus que cent brasses, et le 24 du même mois la sonde atteignait le fond à quatre-vingt-douze brasses. C'est sur la ligne de ce soulèvement que du 8 au 25 mai ont surgi, en face du port de Saint-Nicolas, les petites îles de *Mai*, aujourd'hui au nombre de huit. Elles s'accroissent tous les jours, en sorte qu'elles ne tarderont pas à se joindre et que très-probablement elles finiront, dans quelque temps, par réunir aussi les îles de Néo et Paléo-Kaïmêni.

Des symptômes d'éruption prochaine se manifestent d'ailleurs à la côte orientale de Paléo-Kaïmêni, qui est depuis quelque temps le théâtre de dégagements de vapeurs d'une extrême intensité. La température des eaux de la mare boueuse située derrière le port Saint-Nicolas s'est élevée à 30 degrés centigrades, et le 22 mai, à quatre heures du soir, on a ressenti à Santorin une légère secousse de tremblement de terre, qui s'est également fait ressentir dans l'île de Candie.

VIOLLET D'AOUST.

Paris, 66, rue de Clichy, le 30 juillet 1866.

Clichy. — Impr. Maurice Loignon et Cie, rue du Bac-d'Asnières, 12.

9 782016 200315